TRANZLATY
El idioma es para todos
Språk är till för alla

La Bella y la Bestia

Skönheten och Odjuret

Gabrielle-Suzanne Barbot de Villeneuve

Español / Svenska

Copyright © 2025 Tranzlaty
All rights reserved
Published by Tranzlaty
ISBN: 978-1-80572-094-2
Original text by Gabrielle-Suzanne Barbot de Villeneuve
La Belle et la Bête
First published in French in 1740
Taken from The Blue Fairy Book (Andrew Lang)
Illustration by Walter Crane
www.tranzlaty.com

Había una vez un rico comerciante
Det fanns en gång en rik köpman
Este rico comerciante tuvo seis hijos.
denna rike köpman hade sex barn
Tenía tres hijos y tres hijas.
han hade tre söner och tre döttrar
No escatimó en gastos para su educación
han sparade ingen kostnad för deras utbildning
Porque era un hombre sensato
eftersom han var en förståndig man
pero dio a sus hijos muchos siervos
men han gav sina barn många tjänare
Sus hijas eran extremadamente bonitas
hans döttrar var extremt vackra
Y su hija menor era especialmente bonita.
och hans yngsta dotter var särskilt vacker
Desde niña ya admiraban su belleza
redan som barn beundrades hennes skönhet
y la gente la llamaba por su belleza
och folket kallade henne för hennes skönhet
Su belleza no se desvaneció a medida que envejecía.
hennes skönhet bleknade inte när hon blev äldre
Así que la gente seguía llamándola por su belleza.
så folket fortsatte att kalla henne för hennes skönhet
Esto puso muy celosas a sus hermanas.
detta gjorde hennes systrar mycket avundsjuka
Las dos hijas mayores tenían mucho orgullo.
de två äldsta döttrarna hade en stor portion stolthet
Su riqueza era la fuente de su orgullo.
deras rikedom var källan till deras stolthet
y tampoco ocultaron su orgullo
och de dolde inte heller sin stolthet
No visitaron a las hijas de otros comerciantes.
de besökte inte andra köpmäns döttrar
Porque sólo se encuentran con la aristocracia.
eftersom de bara möter aristokratin

Salían todos los días a fiestas.
de gick ut varje dag på fester
bailes, obras de teatro, conciertos, etc.
baler, pjäser, konserter och så vidare
y se rieron de su hermana menor
och de skrattade åt sin yngsta syster
Porque pasaba la mayor parte del tiempo leyendo
eftersom hon tillbringade större delen av sin tid med att läsa
Era bien sabido que eran ricos
det var välkänt att de var rika
Así que varios comerciantes eminentes pidieron su mano.
så bad flera framstående köpmän om sin hand
pero dijeron que no se iban a casar
men de sa att de inte skulle gifta sig
Pero estaban dispuestos a hacer algunas excepciones.
men de var beredda att göra några undantag
"Quizás podría casarme con un duque"
"Jag skulle kanske gifta mig med en hertig"
"Supongo que podría casarme con un conde"
"Jag antar att jag skulle kunna gifta mig med en Earl"
Bella agradeció muy civilizadamente a quienes le propusieron matrimonio.
skönhet tackade mycket hövligt de som friade till henne
Ella les dijo que todavía era demasiado joven para casarse.
hon sa till dem att hon fortfarande var för ung för att gifta sig
Ella quería quedarse unos años más con su padre.
hon ville stanna några år till hos sin pappa
De repente el comerciante perdió su fortuna.
På en gång förlorade köpmannen sin förmögenhet
Lo perdió todo excepto una pequeña casa de campo.
han förlorade allt förutom ett litet hus på landet
Y con lágrimas en los ojos les dijo a sus hijos:
och han sa till sina barn med tårar i ögonen:
"Tenemos que ir al campo"
"vi måste gå på landsbygden"
"y debemos trabajar para vivir"

"och vi måste arbeta för vårt liv"
Las dos hijas mayores no querían abandonar el pueblo.
de två äldsta döttrarna ville inte lämna staden
Tenían varios amantes en la ciudad.
de hade flera älskare i staden
y estaban seguros de que uno de sus amantes se casaría con ellos
och de var säkra på att en av deras älskare skulle gifta sig med dem
Pensaban que sus amantes se casarían con ellos incluso sin fortuna.
de trodde att deras älskare skulle gifta sig med dem även utan förmögenhet
Pero las buenas damas estaban equivocadas.
men de goda damerna hade fel
Sus amantes los abandonaron muy rápidamente
deras älskare övergav dem mycket snabbt
porque ya no tenían fortuna
eftersom de inte hade några förmögenheter längre
Esto demostró que en realidad no eran muy queridos.
detta visade att de faktiskt inte var omtyckta
Todos dijeron que no merecían compasión.
alla sa att de inte förtjänar att få synd
"Nos alegra ver su orgullo humillado"
"vi är glada att se deras stolthet ödmjukad"
"Que se sientan orgullosos de ordeñar vacas"
"låt dem vara stolta över att mjölka kor"
Pero estaban preocupados por Bella.
men de var måna om skönhet
Ella era una criatura tan dulce
hon var en så söt varelse
Ella hablaba tan amablemente a la gente pobre.
hon talade så vänligt till fattiga människor
Y ella era de una naturaleza tan inocente.
och hon var av en sådan oskyldig natur
Varios caballeros se habrían casado con ella.

Flera herrar skulle ha gift sig med henne
Se habrían casado con ella aunque fuera pobre
de skulle ha gift sig med henne trots att hon var fattig
pero ella les dijo que no podía casarlos
men hon sa till dem att hon inte kunde gifta sig med dem
porque ella no dejaría a su padre
för hon ville inte lämna sin far
Ella estaba decidida a ir con él al campo.
hon var fast besluten att följa med honom till bygden
para que ella pudiera consolarlo y ayudarlo
så att hon kunde trösta och hjälpa honom
La pobre belleza estaba muy triste al principio.
Den stackars skönheten var först mycket bedrövad
Ella estaba afligida por la pérdida de su fortuna.
hon var bedrövad över förlusten av sin förmögenhet
"Pero llorar no cambiará mi suerte"
"men att gråta kommer inte att förändra min förmögenhet"
"Debo intentar ser feliz sin riquezas"
"Jag måste försöka göra mig lycklig utan rikedom"
Llegaron a su casa de campo
de kom till sitt hus på landet
y el comerciante y sus tres hijos se dedicaron a la agricultura
och köpmannen och hans tre söner ägnade sig åt jordbruk
Bella se levantó a las cuatro de la mañana.
skönheten steg vid fyra på morgonen
y se apresuró a limpiar la casa
och hon skyndade sig att städa huset
y se aseguró de que la cena estuviera lista
och hon såg till att middagen var klar
Al principio encontró su nueva vida muy difícil.
i början tyckte hon att sitt nya liv var väldigt svårt
porque no estaba acostumbrada a ese tipo de trabajo
eftersom hon inte varit van vid sådant arbete
Pero en menos de dos meses se hizo más fuerte.
men på mindre än två månader växte hon sig starkare
Y ella estaba más sana que nunca.

och hon var friskare än någonsin tidigare
Después de haber hecho su trabajo, leyó
efter att hon hade gjort sitt arbete läste hon
Ella tocaba el clavicémbalo
hon spelade på cembalo
o cantaba mientras hilaba seda
eller hon sjöng medan hon spann silke
Por el contrario, sus dos hermanas no sabían cómo pasar el tiempo.
tvärtom, hennes två systrar visste inte hur de skulle spendera sin tid
Se levantaron a las diez y no hicieron nada más que holgazanear todo el día.
de gick upp vid tio och gjorde inget annat än att lata sig hela dagen
Lamentaron la pérdida de sus hermosas ropas.
de beklagade förlusten av sina fina kläder
y se quejaron de perder a sus conocidos
och de klagade över att förlora sina bekanta
"Mirad a nuestra hermana menor", se dijeron.
"Titta på vår yngsta syster", sa de till varandra
"¡Qué criatura tan pobre y estúpida es!"
"vilken stackars och dum varelse hon är"
"Es mezquino contentarse con tan poco"
"det är elak att nöja sig med så lite"
El amable comerciante tenía una opinión muy diferente.
den snälle köpmannen var av en helt annan åsikt
Él sabía muy bien que Bella eclipsaba a sus hermanas.
han visste mycket väl att skönheten överglänste hennes systrar
Ella los eclipsó tanto en carácter como en mente.
hon överglänste dem i karaktär och sinne
Él admiraba su humildad y su arduo trabajo.
han beundrade hennes ödmjukhet och hennes hårda arbete
Pero sobre todo admiraba su paciencia.
men mest av allt beundrade han hennes tålamod
Sus hermanas le dejaron todo el trabajo por hacer.

hennes systrar lämnade henne allt arbete att göra
y la insultaban a cada momento
och de förolämpade henne varje ögonblick
La familia había vivido así durante aproximadamente un año.
Familjen hade levt så här i ungefär ett år
Entonces el comerciante recibió una carta de un contable.
då fick köpmannen ett brev från en revisor
Tenía una inversión en un barco.
han hade en investering i ett fartyg
y el barco había llegado sano y salvo
och fartyget hade anlänt säkert
Esta noticia hizo que las dos hijas mayores se volvieran locas.
t hans nyheter vände huvudena på de två äldsta döttrarna
Inmediatamente tuvieron esperanzas de regresar a la ciudad.
de hade genast förhoppningar om att återvända till stan
Porque estaban bastante cansados de la vida en el campo.
eftersom de var ganska trötta på livet på landet
Fueron a ver a su padre cuando él se iba.
de gick till sin far när han skulle gå
Le rogaron que les comprara ropa nueva
de bad honom köpa nya kläder till dem
Vestidos, cintas y todo tipo de cositas.
klänningar, band och alla möjliga småsaker
Pero Bella no pedía nada.
men skönheten bad om ingenting
Porque pensó que el dinero no sería suficiente.
eftersom hon trodde att pengarna inte skulle räcka till
No habría suficiente para comprar todo lo que sus hermanas querían.
det skulle inte räcka för att köpa allt hennes systrar ville ha
- ¿Qué te gustaría, Bella? -preguntó su padre.
"Vad skulle du vilja, skönhet?" frågade hennes far
"Gracias, padre, por la bondad de pensar en mí", dijo.
"tack, far, för godheten att tänka på mig", sa hon

"Padre, ten la amabilidad de traerme una rosa"
"far, var så snäll att ge mig en ros"
"Porque aquí en el jardín no crecen rosas"
"för det växer inga rosor här i trädgården"
"y las rosas son una especie de rareza"
"och rosor är en sorts sällsynthet"
A Bella realmente no le importaban las rosas
skönhet brydde sig inte riktigt om rosor
Ella solo pidió algo para no condenar a sus hermanas.
hon bad bara om något för att inte döma sina systrar
Pero sus hermanas pensaron que ella pidió rosas por otros motivos.
men hennes systrar trodde att hon bad om rosor av andra skäl
"Lo hizo sólo para parecer especial"
"hon gjorde det bara för att se speciell ut"
El hombre amable continuó su viaje.
Den snälle mannen gick sin resa
pero cuando llego discutieron sobre la mercancia
men när han kom dit bråkade de om varorna
Y después de muchos problemas volvió tan pobre como antes.
och efter mycket besvär kom han tillbaka lika fattig som förut
Estaba a un par de horas de su propia casa.
han var inom ett par timmar från sitt eget hus
y ya imaginaba la alegría de ver a sus hijos
och han föreställde sig redan glädjen att se sina barn
pero al pasar por el bosque se perdió
men när han gick genom skogen gick han vilse
Llovió y nevó terriblemente
det regnade och snöade fruktansvärt
El viento era tan fuerte que lo arrojó del caballo.
vinden var så stark att han kastades av hästen
Y la noche se acercaba rápidamente
och natten kom snabbt
Empezó a pensar que podría morir de hambre.
han började tänka att han kunde svälta

y pensó que podría morir congelado
och han tänkte att han kunde frysa ihjäl
y pensó que los lobos podrían comérselo
och han trodde att vargar kunde äta honom
Los lobos que oía aullar a su alrededor
vargarna som han hörde yla runt omkring honom
Pero de repente vio una luz.
men helt plötsligt såg han ett ljus
Vio la luz a lo lejos entre los árboles.
han såg ljuset på avstånd genom träden
Cuando se acercó vio que la luz era un palacio.
när han kom närmare såg han att ljuset var ett palats
El palacio estaba iluminado de arriba a abajo.
palatset var upplyst från topp till botten
El comerciante agradeció a Dios por su suerte.
köpmannen tackade Gud för hans lycka
y se apresuró a ir al palacio
och han skyndade till palatset
Pero se sorprendió al no ver gente en el palacio.
men han blev förvånad över att inte se några människor i palatset
El patio estaba completamente vacío.
gårdsplanen var helt tom
y no había señales de vida en ninguna parte
och det fanns inga tecken på liv någonstans
Su caballo lo siguió hasta el palacio.
hans häst följde honom in i palatset
y luego su caballo encontró un gran establo
och sedan hittade hans häst ett stort stall
El pobre animal estaba casi muerto de hambre.
det stackars djuret var nästan hungrig
Entonces su caballo fue a buscar heno y avena.
så hans häst gick in för att hitta hö och havre
Afortunadamente encontró mucho para comer.
lyckligtvis hittade han mycket att äta
y el mercader ató su caballo al pesebre

och köpmannen band sin häst vid krubban
Caminando hacia la casa no vio a nadie.
när han gick mot huset såg han ingen
Pero en un gran salón encontró un buen fuego.
men i en stor sal fann han en bra eld
y encontró una mesa puesta para uno
och han hittade ett dukat bord för en
Estaba mojado por la lluvia y la nieve.
han var blöt av regn och snö
Entonces se acercó al fuego para secarse.
så han gick nära elden för att torka sig
"Espero que el dueño de la casa me disculpe"
"Jag hoppas att husets herre ursäktar mig"
"Supongo que no tardará mucho en aparecer alguien"
"Jag antar att det inte tar lång tid för någon att dyka upp"
Esperó un tiempo considerable
Han väntade en lång tid
Esperó hasta que dieron las once y todavía no venía nadie.
han väntade tills klockan slog elva, och ändå kom ingen
Al final tenía tanta hambre que no podía esperar más.
äntligen var han så hungrig att han inte kunde vänta längre
Tomó un poco de pollo y se lo comió en dos bocados.
han tog lite kyckling och åt den i två munsbitar
Estaba temblando mientras comía la comida.
han darrade när han åt maten
Después de esto bebió unas copas de vino.
efter detta drack han några glas vin
Cada vez más valiente, salió del salón.
blev modigare och gick ut ur hallen
y atravesó varios grandes salones
och han gick igenom flera stora salar
Caminó por el palacio hasta llegar a una cámara.
han gick genom palatset tills han kom in i en kammare
Una habitación que tenía una cama muy buena.
en kammare som hade en synnerligen god säng i sig
Estaba muy fatigado por su terrible experiencia.

han var mycket trött efter sin prövning
Y ya era pasada la medianoche
och klockan var redan över midnatt
Entonces decidió que era mejor cerrar la puerta.
så han bestämde sig för att det var bäst att stänga dörren
y concluyó que debía irse a la cama
och han kom fram till att han borde gå och lägga sig
Eran las diez de la mañana cuando el comerciante se despertó.
Klockan var tio på morgonen när köpmannen vaknade
Justo cuando iba a levantarse vio algo
precis när han skulle resa sig såg han något
Se sorprendió al ver un conjunto de ropa limpia.
han blev förvånad över att se en ren uppsättning kläder
En el lugar donde había dejado su ropa sucia.
på den plats där han hade lämnat sina smutsiga kläder
"Seguramente este palacio pertenece a algún tipo de hada"
"visst tillhör det här palatset någon slags älva"
" Un hada que me ha visto y se ha compadecido de mí"
" en älva som har sett och tytt synd om mig"
Miró por una ventana
han tittade genom ett fönster
Pero en lugar de nieve vio el jardín más delicioso.
men i stället för snö såg han den förtjusande trädgården
Y en el jardín estaban las rosas más hermosas.
och i trädgården fanns de vackraste rosor
Luego regresó al gran salón.
han återvände sedan till den stora salen
El salón donde había tomado sopa la noche anterior.
salen där han hade ätit soppa kvällen innan
y encontró un poco de chocolate en una mesita
och han hittade lite choklad på ett litet bord
"Gracias, buena señora hada", dijo en voz alta.
"Tack, goda Madam Fairy", sa han högt
"Gracias por ser tan cariñoso"
"tack för att du är så omtänksam"

"Le estoy sumamente agradecido por todos sus favores"
"Jag är oerhört tacksam mot dig för alla dina tjänster"
El hombre amable bebió su chocolate.
den snälle mannen drack sin choklad
y luego fue a buscar su caballo
och så gick han för att leta efter sin häst
Pero en el jardín recordó la petición de Bella.
men i trädgården mindes han skönhetens begäran
y cortó una rama de rosas
och han högg av en gren av rosor
Inmediatamente oyó un gran ruido
genast hörde han ett stort ljud
y vio una bestia terriblemente espantosa
och han såg ett fruktansvärt fruktansvärt odjur
Estaba tan asustado que estaba a punto de desmayarse.
han var så rädd att han var redo att svimma
-Eres muy desagradecido -le dijo la bestia.
"Du är mycket otacksam", sa odjuret till honom
Y la bestia habló con voz terrible
och vilddjuret talade med en fruktansvärd röst
"Te he salvado la vida al permitirte entrar en mi castillo"
"Jag har räddat ditt liv genom att släppa in dig i mitt slott"
"¿Y a cambio me robas mis rosas?"
"och för detta stjäl du mina rosor I gengäld?"
"Las rosas que valoro más que nada"
"Rosorna som jag värdesätter över allt"
"Pero morirás por lo que has hecho"
"men du ska dö för vad du har gjort"
"Sólo te doy un cuarto de hora para que te prepares"
"Jag ger dig bara en kvart att förbereda dig"
"Prepárate para la muerte y di tus oraciones"
"gör dig redo för döden och säg dina böner"
El comerciante cayó de rodillas
köpmannen föll på knä
y alzó ambas manos
och han lyfte upp båda sina händer

"Mi señor, le ruego que me perdone"
"Min herre, jag ber dig att förlåta mig"
"No tuve intención de ofenderte"
"Jag hade inte för avsikt att förolämpa dig"
"Recogí una rosa para una de mis hijas"
"Jag samlade en ros till en av mina döttrar"
"Ella me pidió que le trajera una rosa"
"hon bad mig ge henne en ros"
-No soy tu señor, pero soy una bestia -respondió el monstruo.
"Jag är inte din herre, men jag är ett odjur", svarade monstret
"No me gustan los cumplidos"
"Jag älskar inte komplimanger"
"Me gusta la gente que habla como piensa"
"Jag gillar folk som pratar som de tycker"
"No creas que me puedo conmover con halagos"
"föreställ mig inte att jag kan bli rörd av smicker"
"Pero dices que tienes hijas"
"Men du säger att du har döttrar"
"Te perdonaré con una condición"
"Jag kommer att förlåta dig på ett villkor"
"Una de tus hijas debe venir voluntariamente a mi palacio"
"en av dina döttrar måste gärna komma till mitt palats"
"y ella debe sufrir por ti"
"och hon måste lida för dig"
"Déjame tener tu palabra"
"Låt mig få ditt ord"
"Y luego podrás continuar con tus asuntos"
"och då kan du gå på din affär"
"Prométeme esto:"
"Lova mig detta:"
"Si tu hija se niega a morir por ti, deberás regresar dentro de tres meses"
"om din dotter vägrar att dö för dig måste du återvända inom tre månader"
El comerciante no tenía intenciones de sacrificar a sus hijas.

köpmannen hade inga avsikter att offra sina döttrar
Pero, como le habían dado tiempo, quiso volver a ver a sus hijas.
men eftersom han fick tid, ville han åter träffa sina döttrar
Así que prometió que volvería.
så han lovade att han skulle återvända
Y la bestia le dijo que podía partir cuando quisiera.
och vilddjuret sade till honom att han kunde ge sig av när han ville
y la bestia le dijo una cosa más
och odjuret berättade en sak till för honom
"No te irás con las manos vacías"
"du ska inte gå tomhänt"
"Vuelve a la habitación donde yacías"
"gå tillbaka till rummet där du låg"
"Verás un gran cofre del tesoro vacío"
"du kommer att se en stor tom skattkista"
"Llena el cofre del tesoro con lo que más te guste"
"fyll skattkistan med det du tycker bäst om"
"y enviaré el cofre del tesoro a tu casa"
"och jag ska skicka skattkistan till ditt hem"
Y al mismo tiempo la bestia se retiró.
och samtidigt drog sig odjuret tillbaka
"Bueno", se dijo el buen hombre.
"Jaha", sa den gode mannen för sig själv
"Si tengo que morir, al menos dejaré algo a mis hijos"
"om jag måste dö ska jag åtminstone lämna något till mina barn"
Así que regresó al dormitorio.
så han gick tillbaka till sängkammaren
y encontró una gran cantidad de piezas de oro
och han fann en hel del guldstycken
Llenó el cofre del tesoro que la bestia había mencionado.
han fyllde skattkistan som besten hade nämnt
y sacó su caballo del establo
och han tog sin häst ur stallet

La alegría que sintió al entrar al palacio ahora era igual al dolor que sintió al salir de él.
glädjen han kände när han gick in i palatset var nu lika med den sorg han kände när han lämnade det
El caballo tomó uno de los caminos del bosque.
hästen tog en av skogens vägar
Y en pocas horas el buen hombre estaba en casa.
och om några timmar var den gode mannen hemma
Sus hijos vinieron a él
hans barn kom till honom
Pero en lugar de recibir sus abrazos con placer, los miró.
men i stället för att ta emot deras omfamningar med nöje, såg han på dem
Levantó la rama que tenía en sus manos.
han höll upp grenen han hade i händerna
y luego estalló en lágrimas
och sedan brast han i gråt
"Belleza", dijo, "por favor toma estas rosas".
"skönhet," sa han, "snälla ta dessa rosor"
"No puedes saber lo costosas que han sido estas rosas"
"du kan inte veta hur dyra de här rosorna har varit"
"Estas rosas le han costado la vida a tu padre"
"dessa rosor har kostat din far livet"
Y luego contó su fatal aventura.
och så berättade han om sitt ödesdigra äventyr
Inmediatamente las dos hermanas mayores gritaron.
genast ropade de två äldsta systrarna
y le dijeron muchas cosas malas a su hermosa hermana
och de sa många elaka saker till sin vackra syster
Pero Bella no lloró en absoluto.
men skönheten grät inte alls
"Mirad el orgullo de ese pequeño desgraciado", dijeron.
"Titta på den där lilla stackarens stolthet", sa de
"ella no pidió ropa fina"
"hon bad inte om fina kläder"
"Ella debería haber hecho lo que hicimos"

"hon borde ha gjort som vi gjorde"
"ella quería distinguirse"
"hon ville utmärka sig"
"Así que ahora ella será la muerte de nuestro padre"
"så nu blir hon vår fars död"
"Y aún así no derrama ni una lágrima"
"och ändå fäller hon inte en tår"
"¿Por qué debería llorar?" respondió Bella
"Varför skulle jag gråta?" svarade skönhet
"Llorar sería muy innecesario"
"det skulle vara väldigt onödigt att gråta"
"mi padre no sufrirá por mí"
"min far kommer inte att lida för mig"
"El monstruo aceptará a una de sus hijas"
"monstret kommer att acceptera en av sina döttrar"
"Me ofreceré a toda su furia"
"Jag kommer att offra mig till all hans vrede"
"Estoy muy feliz, porque mi muerte salvará la vida de mi padre"
"Jag är väldigt glad, för min död kommer att rädda min fars liv"
"mi muerte será una prueba de mi amor"
"min död kommer att vara ett bevis på min kärlek"
—No, hermana —dijeron sus tres hermanos.
"Nej, syster", sa hennes tre bröder
"Eso no será"
"det ska inte vara"
"Iremos a buscar al monstruo"
"vi ska gå och hitta monstret"
"y o lo matamos..."
"och antingen dödar vi honom..."
"...o pereceremos en el intento"
"... annars kommer vi att gå under i försöket"
"No imaginéis tal cosa, hijos míos", dijo el mercader.
"Förställ dig inte något sådant, mina söner," sade köpmannen
"El poder de la bestia es tan grande que no tengo esperanzas

de que puedas vencerlo"
"odjurets kraft är så stor att jag inte har något hopp om att du skulle kunna övervinna honom"
"**Estoy encantado con la amable y generosa oferta de Bella**"
"Jag är charmad av skönhetens vänliga och generösa erbjudande"
"**pero no puedo aceptar su generosidad**"
"men jag kan inte acceptera hennes generositet"
"**Soy viejo y no me queda mucho tiempo de vida**"
"Jag är gammal och jag har inte länge kvar att leva"
"**Así que sólo puedo perder unos pocos años**"
"så jag kan bara förlora några år"
"**Tiempo que lamento por vosotros, mis queridos hijos**"
"tid som jag ångrar för er skull, mina kära barn"
"**Pero padre**, dijo Bella"
"Men far," sa skönheten
"**No irás al palacio sin mí**"
"du ska inte gå till palatset utan mig"
"**No puedes impedir que te siga**"
"du kan inte hindra mig från att följa dig"
Nada podría convencer a Bella de lo contrario.
ingenting kunde övertyga skönhet annars
Ella insistió en ir al bello palacio.
hon insisterade på att gå till det fina palatset
y sus hermanas estaban encantadas con su insistencia
och hennes systrar var förtjusta över hennes insisterande
El comerciante estaba preocupado ante la idea de perder a su hija.
Köpmannen var orolig vid tanken på att förlora sin dotter
Estaba tan preocupado que se había olvidado del cofre lleno de oro.
han var så orolig att han hade glömt kistan full av guld
Por la noche se retiró a descansar y cerró la puerta de su habitación.
på natten drog han sig tillbaka för att vila, och han stängde sin kammardörr

Entonces, para su gran asombro, encontró el tesoro junto a su cama.
då fann han till sin stora förvåning skatten vid sin säng
Estaba decidido a no contárselo a sus hijos.
han var fast besluten att inte berätta för sina barn
Si lo supieran, hubieran querido regresar al pueblo.
om de visste det, skulle de ha velat återvända till stan
y estaba decidido a no abandonar el campo
och han var fast besluten att inte lämna bygden
Pero él confió a Bella el secreto.
men han litade på skönheten med hemligheten
Ella le informó que dos caballeros habían llegado.
hon meddelade honom att två herrar hade kommit
y le hicieron propuestas a sus hermanas
och de föreslog hennes systrar
Ella le rogó a su padre que consintiera su matrimonio.
hon bad sin far att samtycka till deras äktenskap
y ella le pidió que les diera algo de su fortuna
och hon bad honom att ge dem en del av hans förmögenhet
Ella ya los había perdonado.
hon hade redan förlåtit dem
Las malvadas criaturas se frotaron los ojos con cebollas.
de onda varelserna gnuggade sina ögon med lök
Para forzar algunas lágrimas cuando se separaron de su hermana.
att tvinga fram några tårar när de skildes åt sin syster
Pero sus hermanos realmente estaban preocupados.
men hennes bröder var verkligen oroliga
Bella fue la única que no derramó ninguna lágrima.
skönheten var den enda som inte fällde några tårar
Ella no quería aumentar su malestar.
hon ville inte öka deras oro
El caballo tomó el camino directo al palacio.
hästen tog den direkta vägen till palatset
y hacia la tarde vieron el palacio iluminado
och mot kvällen såg de det upplysta palatset

El caballo volvió a entrar solo en el establo.
hästen tog sig in i stallet igen
Y el buen hombre y su hija entraron en el gran salón.
och den gode mannen och hans dotter gick in i den stora salen
Aquí encontraron una mesa espléndidamente servida.
här fann de ett utmärkt uppdukat bord
El comerciante no tenía apetito para comer
köpmannen hade ingen aptit att äta
Pero Bella se esforzó por parecer alegre.
men skönheten strävade efter att framstå som gladlynt
Ella se sentó a la mesa y ayudó a su padre.
hon satte sig vid bordet och hjälpte sin far
Pero también pensó para sí misma:
men hon tänkte också för sig själv:
"La bestia seguramente quiere engordarme antes de comerme"
"odjuret vill verkligen göda mig innan han äter upp mig"
"Por eso ofrece tanto entretenimiento"
"det är därför han ger så riklig underhållning"
Después de haber comido oyeron un gran ruido.
efter att de hade ätit hörde de ett stort ljud
Y el comerciante se despidió de su desdichado hijo con lágrimas en los ojos.
och köpmannen tog farväl av sitt olyckliga barn med tårar i ögonen
Porque sabía que la bestia venía
för han visste att odjuret skulle komma
Bella estaba aterrorizada por su horrible forma.
skönheten var livrädd för hans hemska form
Pero ella tomó coraje lo mejor que pudo.
men hon tog mod till sig så gott hon kunde
Y el monstruo le preguntó si venía voluntariamente.
och monstret frågade henne om hon kom villigt
-Sí, he venido voluntariamente -dijo temblando.
"ja, jag har kommit villigt", sa hon darrande
La bestia respondió: "Eres muy bueno"

odjuret svarade, "Du är väldigt bra"
"Y te lo agradezco mucho, hombre honesto"
"och jag är mycket tacksam mot dig, ärlig man"
"Continuad vuestro camino mañana por la mañana"
"gå din väg i morgon bitti"
"Pero nunca pienses en venir aquí otra vez"
"men tänk aldrig på att komma hit igen"
"Adiós bella, adiós bestia", respondió.
"Farväl skönhet, farväl best", svarade han
Y de inmediato el monstruo se retiró.
och genast drog sig monstret tillbaka
"Oh, hija", dijo el comerciante.
"Åh, dotter", sa köpmannen
y abrazó a su hija una vez más
och han omfamnade sin dotter ännu en gång
"Estoy casi muerto de miedo"
"Jag är nästan livrädd"
"Créeme, será mejor que regreses"
"tro mig, du borde gå tillbaka"
"déjame quedarme aquí, en tu lugar"
"låt mig stanna här istället för dig"
—No, padre —dijo Bella con tono decidido.
"Nej, far," sa skönheten i en beslutsam ton
"Partirás mañana por la mañana"
"du ska ge dig av i morgon bitti"
"déjame al cuidado y protección de la providencia"
"överlåt mig åt försynens vård och skydd"
Aún así se fueron a la cama
ändå gick de och la sig
Pensaron que no cerrarían los ojos en toda la noche.
de trodde att de inte skulle blunda på hela natten
pero justo cuando se acostaron se durmieron
men just när de låg ner sov de
Bella soñó que una bella dama se acercó y le dijo:
skönheten drömde att en fin dam kom och sa till henne:
"Estoy contento, bella, con tu buena voluntad"

"Jag är nöjd, skönhet, med din goda vilja"
"Esta buena acción tuya no quedará sin recompensa"
"denna goda handling av dig ska inte gå obelönad"
Bella se despertó y le contó a su padre su sueño.
skönhet vaknade och berättade för sin far sin dröm
El sueño ayudó a consolarlo un poco.
drömmen hjälpte till att trösta honom lite
Pero no pudo evitar llorar amargamente mientras se marchaba.
men han kunde inte låta bli att gråta bittert när han gick
Tan pronto como se fue, Bella se sentó en el gran salón y lloró también.
så snart han var borta, satte sig skönheten i den stora salen och grät också
Pero ella decidió no sentirse inquieta.
men hon bestämde sig för att inte vara orolig
Ella decidió ser fuerte por el poco tiempo que le quedaba de vida.
hon bestämde sig för att vara stark under den lilla tid hon hade kvar att leva
Porque creía firmemente que la bestia la comería.
för hon trodde bestämt att odjuret skulle äta upp henne
Sin embargo, pensó que también podría explorar el palacio.
hon tänkte dock att hon lika gärna kunde utforska palatset
y ella quería ver el hermoso castillo
och hon ville se det fina slottet
Un castillo que no pudo evitar admirar.
ett slott som hon inte kunde låta bli att beundra
Era un palacio deliciosamente agradable.
det var ett förtjusande trevligt palats
y ella se sorprendió muchísimo al ver una puerta
och hon blev oerhört förvånad över att se en dörr
Y sobre la puerta estaba escrito que era su habitación.
och över dörren stod det skrivet att det var hennes rum
Ella abrió la puerta apresuradamente
hon öppnade hastigt dörren

y ella quedó completamente deslumbrada con la magnificencia de la habitación.
och hon var alldeles bländad av rummets prakt
Lo que más le llamó la atención fue una gran biblioteca.
det som främst upptog hennes uppmärksamhet var ett stort bibliotek
Un clavicémbalo y varios libros de música.
ett cembalo och flera notböcker
"Bueno", se dijo a sí misma.
"Jaha", sa hon för sig själv
"Veo que la bestia no dejará que mi tiempo cuelgue pesadamente"
"Jag ser att odjuret inte låter min tid hänga tung"
Entonces reflexionó sobre su situación.
sedan reflekterade hon för sig själv över sin situation
"Si me hubiera quedado un día, todo esto no estaría aquí"
"Om det var meningen att jag skulle stanna en dag skulle allt detta inte vara här"
Esta consideración le inspiró nuevo coraje.
denna omtanke inspirerade henne med nytt mod
y tomó un libro de su nueva biblioteca
och hon tog en bok från sitt nya bibliotek
y leyó estas palabras en letras doradas:
och hon läste dessa ord med gyllene bokstäver:
"Bienvenida Bella, destierra el miedo"
"Välkommen skönhet, förvisa rädsla"
"Eres reina y señora aquí"
"Du är drottning och älskarinna här"
"Di tus deseos, di tu voluntad"
"Säg dina önskemål, tala din vilja"
"Aquí la obediencia rápida cumple tus deseos"
"Snabb lydnad uppfyller dina önskemål här"
"¡Ay!", dijo ella con un suspiro.
"Ack", sa hon med en suck
"Lo que más deseo es ver a mi pobre padre"
"Mest av allt vill jag se min stackars far"

"y me gustaría saber qué está haciendo"
"och jag skulle vilja veta vad han gör"
Tan pronto como dijo esto se dio cuenta del espejo.
Så fort hon hade sagt detta lade hon märke till spegeln
Para su gran asombro, vio su propia casa en el espejo.
till sin stora förvåning såg hon sitt eget hem i spegeln
Su padre llegó emocionalmente agotado.
hennes pappa kom känslomässigt utmattad
Sus hermanas fueron a recibirlo
hennes systrar gick honom till mötes
A pesar de sus intentos de parecer tristes, su alegría era visible.
trots deras försök att framstå som sorgsna var deras glädje synlig
Un momento después todo desapareció
en stund senare försvann allt
Y las aprensiones de Bella también desaparecieron.
och skönhetens farhågor försvann också
porque sabía que podía confiar en la bestia
för hon visste att hon kunde lita på odjuret
Al mediodía encontró la cena lista.
Vid middagstid hittade hon middagen klar
Ella se sentó a la mesa
hon satte sig vid bordet
y se entretuvo con un concierto de música
och hon underhölls med en musikkonsert
Aunque no podía ver a nadie
även om hon inte kunde se någon
Por la noche se sentó a cenar otra vez
på natten satte hon sig för kvällsmat igen
Esta vez escuchó el ruido que hizo la bestia.
den här gången hörde hon det oväsen som besten gjorde
y ella no pudo evitar estar aterrorizada
och hon kunde inte låta bli att bli livrädd
"belleza", dijo el monstruo
"skönhet", sa monstret

"¿Me permites comer contigo?"
"Låter du mig äta med dig?"
"Haz lo que quieras", respondió Bella temblando.
"gör som du vill," svarade skönheten darrande
"No", respondió la bestia.
"Nej", svarade besten
"Sólo tú eres la señora aquí"
"du ensam är älskarinna här"
"Puedes despedirme si soy problemático"
"du kan skicka iväg mig om jag är jobbig"
"Despídeme y me retiraré inmediatamente"
"skicka iväg mig så drar jag mig omedelbart"
-Pero dime, ¿no te parece que soy muy fea?
"Men säg mig, tycker du inte att jag är väldigt ful?"
"Eso es verdad", dijo Bella.
"Det är sant", sa skönheten
"No puedo decir una mentira"
"Jag kan inte ljuga"
"Pero creo que tienes muy buen carácter"
"men jag tror att du är väldigt godmodig"
"Sí, lo soy", dijo el monstruo.
"Det är jag verkligen", sa monstret
"Pero aparte de mi fealdad, tampoco tengo sentido"
"Men bortsett från min fulhet har jag heller inget vett"
"Sé muy bien que soy una criatura tonta"
"Jag vet mycket väl att jag är en fånig varelse"
—No es ninguna locura pensar así —replicó Bella.
"Det är inget tecken på dårskap att tänka så," svarade skönheten
"Come entonces, bella", dijo el monstruo.
"Ät då, skönhet", sa monstret
"Intenta divertirte en tu palacio"
"försök att roa dig i ditt palats"
"Todo aquí es tuyo"
"allt här är ditt"
"Y me sentiría muy incómodo si no fueras feliz"

"och jag skulle vara väldigt orolig om du inte var nöjd"
-Eres muy servicial -respondió Bella.
"Du är mycket tillmötesgående," svarade skönhet
"Admito que estoy complacido con su amabilidad"
"Jag erkänner att jag är nöjd med din vänlighet"
"Y cuando considero tu bondad, apenas noto tus deformidades"
"och när jag tänker på din vänlighet märker jag knappt dina missbildningar"
"Sí, sí", dijo la bestia, "mi corazón es bueno".
"Ja, ja," sa besten, "mitt hjärta är gott
"Pero aunque soy bueno, sigo siendo un monstruo"
"men även om jag är bra är jag fortfarande ett monster"
"Hay muchos hombres que merecen ese nombre más que tú"
"Det finns många män som förtjänar det namnet mer än du"
"Y te prefiero tal como eres"
"och jag föredrar dig precis som du är"
"y te prefiero más que a aquellos que esconden un corazón ingrato"
"och jag föredrar dig mer än de som döljer ett otacksamt hjärta"
"Si tuviera algo de sentido común", respondió la bestia.
"om jag bara hade något vett", svarade besten
"Si tuviera sentido común, te haría un buen cumplido para agradecerte"
"om jag hade förnuft skulle jag ge en bra komplimang för att tacka dig"
"Pero soy tan aburrida"
"men jag är så tråkig"
"Sólo puedo decir que le estoy muy agradecido"
"Jag kan bara säga att jag är mycket tacksam mot dig"
Bella comió una cena abundante
skönhet åt en rejäl middag
y ella casi había superado su miedo al monstruo
och hon hade nästan övervunnit sin fruktan för monstret
Pero ella quería desmayarse cuando la bestia le hizo la

siguiente pregunta.
men hon ville svimma när besten ställde nästa fråga till henne
"Belleza, ¿quieres ser mi esposa?"
"skönhet, kommer du att bli min fru?"
Ella tardó un tiempo antes de poder responder.
hon tog lite tid innan hon kunde svara
Porque tenía miedo de hacerlo enojar
eftersom hon var rädd för att göra honom arg
Al final, sin embargo, dijo: "No, bestia".
Men till slut sa hon "nej, odjuret"
Inmediatamente el pobre monstruo silbó muy espantosamente.
genast väste det stackars monstret mycket skrämmande
y todo el palacio hizo eco
och hela palatset ekade
Pero Bella pronto se recuperó de su susto.
men skönheten återhämtade sig snart från sin skräck
porque la bestia volvió a hablar con voz triste
för odjuret talade igen med sorgsen röst
"Entonces adiós, belleza"
"sedan farväl, skönhet"
y sólo se volvía de vez en cuando
och han vände bara tillbaka då och då
mirarla mientras salía
att titta på henne när han gick ut
Ahora Bella estaba sola otra vez
nu var skönheten ensam igen
Ella sintió mucha compasión
hon kände en stor medkänsla
"Ay, es una lástima"
"Ack, det är tusen synd"
"algo tan bueno no debería ser tan feo"
"allt så godmodigt ska inte vara så fult"
Bella pasó tres meses muy contenta en palacio.
skönhet tillbringade tre månader mycket nöjd i palatset
Todas las noches la bestia le hacía una visita.

varje kväll besökte odjuret henne
y hablaron durante la cena
och de pratade under kvällsmaten
Hablaban con sentido común
de pratade med sunt förnuft
Pero no hablaban con lo que la gente llama ingenio.
men de pratade inte med vad folk kallar vittighet
Bella siempre descubre algún carácter valioso en la bestia.
skönhet har alltid upptäckt någon värdefull karaktär i besten
y ella se había acostumbrado a su deformidad
och hon hade vant sig vid hans missbildning
Ella ya no temía el momento de su visita.
hon fruktade inte längre tiden för hans besök
Ahora a menudo miraba su reloj.
nu tittade hon ofta på klockan
y ella no podía esperar a que fueran las nueve en punto
och hon kunde inte vänta på att klockan skulle bli nio
Porque la bestia nunca dejaba de venir a esa hora
för odjuret missade aldrig att komma vid den tiden
Sólo había una cosa que preocupaba a Bella.
det var bara en sak som gällde skönhet
Todas las noches antes de irse a dormir la bestia le hacía la misma pregunta.
varje kväll innan hon gick och la sig ställde odjuret samma fråga till henne
El monstruo le preguntó si sería su esposa.
monstret frågade henne om hon skulle vara hans fru
Un día ella le dijo: "bestia, me pones muy nerviosa"
en dag sa hon till honom, "odjur, du gör mig väldigt orolig"
"Me gustaría poder consentir en casarme contigo"
"Jag önskar att jag kunde samtycka till att gifta mig med dig"
"Pero soy demasiado sincero para hacerte creer que me casaría contigo"
"men jag är för uppriktig för att få dig att tro att jag skulle gifta mig med dig"
"nuestro matrimonio nunca se realizará"

"vårt äktenskap kommer aldrig att hända"
"Siempre te veré como un amigo"
"Jag kommer alltid att se dig som en vän"
"Por favor, trate de estar satisfecho con esto"
"snälla försök att vara nöjd med detta"
"Debo estar satisfecho con esto", dijo la bestia.
"Jag måste vara nöjd med det här," sade besten
"Conozco mi propia desgracia"
"Jag vet min egen olycka"
"pero te amo con el más tierno cariño"
"men jag älskar dig med den ömmaste tillgivenhet"
"Sin embargo, debo considerarme feliz"
"Men jag borde se mig själv som lycklig"
"Y me alegraría que te quedaras aquí"
"och jag borde vara glad att du stannar här"
"Prométeme que nunca me dejarás"
"lova mig att aldrig lämna mig"
Bella se sonrojó ante estas palabras.
skönheten rodnade vid dessa ord
Un día Bella se estaba mirando en el espejo.
en dag tittade skönheten i sin spegel
Su padre se había preocupado muchísimo por ella.
hennes far hade oroat sig sjuk för hennes skull
Ella anhelaba verlo de nuevo más que nunca.
hon längtade mer än någonsin efter att få träffa honom igen
"Podría prometerte que nunca te abandonaré por completo"
"Jag kunde lova att aldrig lämna dig helt"
"Pero tengo un deseo tan grande de ver a mi padre"
"men jag har så stor lust att träffa min pappa"
"Me molestaría muchísimo si dijeras que no"
"Jag skulle bli omöjligt upprörd om du säger nej"
"Preferiría morir yo mismo", dijo el monstruo.
"Jag hade hellre dött själv", sa monstret
"Prefiero morir antes que hacerte sentir incómodo"
"Jag skulle hellre dö än att få dig att känna oro"
"Te enviaré con tu padre"

"Jag skickar dig till din far"
"permanecerás con él"
"du ska stanna hos honom"
"y esta desafortunada bestia morirá de pena en su lugar"
"och detta olyckliga odjur kommer att dö av sorg istället"
"No", dijo Bella, llorando.
"Nej", sa skönheten och grät
"Te amo demasiado para ser la causa de tu muerte"
"Jag älskar dig för mycket för att vara orsaken till din död"
"Te doy mi promesa de regresar en una semana"
"Jag lovar dig att återvända om en vecka"
"Me has demostrado que mis hermanas están casadas"
"Du har visat mig att mina systrar är gifta"
"y mis hermanos se han ido al ejército"
"och mina bröder har gått till armén"
"déjame quedarme una semana con mi padre, ya que está solo"
"låt mig stanna en vecka hos min far, eftersom han är ensam"
"Estarás allí mañana por la mañana", dijo la bestia.
"Du ska vara där i morgon bitti," sa odjuret
"pero recuerda tu promesa"
"men kom ihåg ditt löfte"
"Solo tienes que dejar tu anillo sobre una mesa antes de irte a dormir"
"Du behöver bara lägga din ring på ett bord innan du går och lägger dig"
"Y luego serás traído de regreso antes de la mañana"
"och då kommer du att hämtas tillbaka innan morgonen"
"Adiós querida belleza", suspiró la bestia.
"Farväl kära skönhet", suckade besten
Bella se fue a la cama muy triste esa noche.
skönhet gick till sängs väldigt ledsen den kvällen
Porque no quería ver a la bestia tan preocupada.
för hon ville inte se besten så orolig
A la mañana siguiente se encontró en la casa de su padre.
nästa morgon befann hon sig hemma hos sin far

Ella hizo sonar una campanita junto a su cama.
hon ringde en liten klocka vid sin säng
y la criada dio un grito fuerte
och pigan gav ett högt skrik
y su padre corrió escaleras arriba
och hennes far sprang uppför trappan
Él pensó que iba a morir de alegría.
han trodde att han skulle dö av glädje
La sostuvo en sus brazos durante un cuarto de hora.
han höll henne i sina armar i en kvart
Finalmente los primeros saludos terminaron.
så småningom var de första hälsningarna över
Bella empezó a pensar en levantarse de la cama.
skönhet började tänka på att gå upp ur sängen
pero se dio cuenta de que no había traído ropa
men hon insåg att hon inte hade tagit med sig några kläder
pero la criada le dijo que había encontrado una caja
men pigan berättade att hon hade hittat en låda
El gran baúl estaba lleno de vestidos y batas.
den stora bagageluckan var full av klänningar och klänningar
Cada vestido estaba cubierto de oro y diamantes.
varje klänning var täckt med guld och diamanter
Bella agradeció a la Bestia por su amable atención.
skönheten tackade best för hans vänliga omsorg
y tomó uno de los vestidos más sencillos
och hon tog en av de enklaste klänningarna
Ella tenía la intención de regalar los otros vestidos a sus hermanas.
hon tänkte ge de andra klänningarna till sina systrar
Pero ante ese pensamiento el arcón de ropa desapareció.
men vid den tanken försvann kläderna
La bestia había insistido en que la ropa era solo para ella.
Beast hade insisterat på att kläderna bara var för henne
Su padre le dijo que ese era el caso.
hennes far sa till henne att så var fallet
Y enseguida volvió el baúl de la ropa.

och genast kom klädstammen tillbaka igen
Bella se vistió con su ropa nueva
skönheten klädde sig själv med sina nya kläder
Y mientras tanto las doncellas fueron a buscar a sus hermanas.
och under tiden gick pigor för att hitta sina systrar
Ambas hermanas estaban con sus maridos.
båda hennes syster var med sina män
Pero sus dos hermanas estaban muy infelices.
men båda hennes systrar var mycket olyckliga
Su hermana mayor se había casado con un caballero muy guapo.
hennes äldsta syster hade gift sig med en mycket stilig herre
Pero estaba tan enamorado de sí mismo que descuidó a su esposa.
men han var så förtjust i sig själv att han försummade sin hustru
Su segunda hermana se había casado con un hombre ingenioso.
hennes andra syster hade gift sig med en kvick man
Pero usó su ingenio para atormentar a la gente.
men han använde sin vittighet för att plåga människor
Y atormentaba a su esposa sobre todo.
och han plågade sin hustru mest av allt
Las hermanas de Bella la vieron vestida como una princesa
skönhetens systrar såg henne klädd som en prinsessa
y se enfermaron de envidia
och de blev sjuka av avund
Ahora estaba más bella que nunca
nu var hon vackrare än någonsin
Su comportamiento cariñoso no pudo sofocar sus celos.
hennes tillgivna beteende kunde inte kväva deras svartsjuka
Ella les contó lo feliz que estaba con la bestia.
hon berättade för dem hur glad hon var med odjuret
y sus celos estaban a punto de estallar
och deras svartsjuka var redo att brista

Bajaron al jardín a llorar su desgracia.
De gick ner i trädgården för att gråta över sin olycka
"¿En qué sentido esta pequeña criatura es mejor que nosotros?"
"På vilket sätt är denna lilla varelse bättre än oss?"
"¿Por qué debería estar mucho más feliz?"
"Varför skulle hon vara så mycket gladare?"
"Hermana", dijo la hermana mayor.
"Syster", sa storasystern
"Un pensamiento acaba de golpear mi mente"
"en tanke slog mig just"
"Intentemos mantenerla aquí más de una semana"
"låt oss försöka hålla henne här i mer än en vecka"
"Quizás esto enfurezca al tonto monstruo"
"det här kanske kommer att göra det fåniga monstret rasande"
"porque ella hubiera faltado a su palabra"
"för att hon skulle ha brutit sitt ord"
"y entonces podría devorarla"
"och då kanske han slukar henne"
"Esa es una gran idea", respondió la otra hermana.
"det är en bra idé", svarade den andra systern
"Debemos mostrarle la mayor amabilidad posible"
"vi måste visa henne så mycket vänlighet som möjligt"
Las hermanas tomaron esta resolución
systrarna gjorde detta till sitt beslut
y se comportaron con mucho cariño con su hermana
och de uppträdde mycket tillgiven mot sin syster
La pobre belleza lloró de alegría por toda su bondad.
stackars skönhet grät av glädje av all deras vänlighet
Cuando la semana se cumplió, lloraron y se arrancaron el pelo.
när veckan var slut grät de och slet sig i håret
Parecían muy apenados por separarse de ella.
de verkade så ledsna över att skiljas från henne
y Bella prometió quedarse una semana más
och skönhet lovade att stanna en vecka längre

Mientras tanto, Bella no pudo evitar reflexionar sobre sí misma.
Under tiden kunde skönhet inte låta bli att reflektera över sig själv

Ella se preocupaba por lo que le estaba haciendo a la pobre bestia.
hon oroade sig för vad hon gjorde mot stackars best

Ella sabía que lo amaba sinceramente.
hon vet att hon uppriktigt älskade honom

Y ella realmente anhelaba verlo otra vez.
och hon längtade verkligen efter att få träffa honom igen

La décima noche también la pasó en casa de su padre.
den tionde natten tillbringade hon också hos sin far

Ella soñó que estaba en el jardín del palacio.
hon drömde att hon var i slottsträdgården

y soñó que veía a la bestia extendida sobre la hierba
och hon drömde att hon såg vilddjuret utsträckt på gräset

Parecía reprocharle con voz moribunda
han tycktes förebrå henne med döende röst

y la acusó de ingratitud
och han anklagade henne för otacksamhet

Bella se despertó de su sueño.
skönhet vaknade ur sin sömn

y ella estalló en lágrimas
och hon brast ut i gråt

"¿No soy muy malvado?"
"Är jag inte särskilt elak?"

"¿No fue cruel de mi parte actuar tan cruelmente con la bestia?"
"Var det inte grymt av mig att agera så ovänligt mot odjuret?"

"La bestia hizo todo lo posible para complacerme"
"beast gjorde allt för att behaga mig"

-¿Es culpa suya que sea tan feo?
"Är det hans fel att han är så ful?"

¿Es culpa suya que tenga tan poco ingenio?
"Är det hans fel att han har så lite vett?"

"Él es amable y bueno, y eso es suficiente"
"Han är snäll och bra, och det räcker"
"¿Por qué me negué a casarme con él?"
"Varför vägrade jag att gifta mig med honom?"
"Debería estar feliz con el monstruo"
"Jag borde vara nöjd med monstret"
"Mira los maridos de mis hermanas"
"titta på mina systrars män"
"ni el ingenio ni la belleza los hacen buenos"
"varken vittighet eller vacker varelse gör dem goda"
"Ninguno de sus maridos las hace felices"
"ingen av deras män gör dem lyckliga"
"pero virtud, dulzura de carácter y paciencia"
"men dygd, humörs sötma och tålamod"
"Estas cosas hacen feliz a una mujer"
"dessa saker gör en kvinna lycklig"
"y la bestia tiene todas estas valiosas cualidades"
"och odjuret har alla dessa värdefulla egenskaper"
"Es cierto; no siento la ternura del afecto por él"
"det är sant; jag känner inte ömheten av tillgivenhet för honom"
"Pero encuentro que tengo la más alta gratitud por él"
"men jag tycker att jag har den största tacksamheten för honom"
"y tengo por él la más alta estima"
"och jag har den högsta aktning av honom"
"y él es mi mejor amigo"
"och han är min bästa vän"
"No lo haré miserable"
"Jag kommer inte att göra honom olycklig"
"Si fuera tan desagradecido nunca me lo perdonaría"
"Om jag skulle vara så otacksam skulle jag aldrig förlåta mig själv"
Bella puso su anillo sobre la mesa.
skönhet satte sin ring på bordet
y ella se fue a la cama otra vez

och hon gick och la sig igen
Apenas estaba en la cama cuando se quedó dormida.
knappt var hon i sängen innan hon somnade
Ella se despertó de nuevo a la mañana siguiente.
hon vaknade igen nästa morgon
Y ella estaba muy contenta de encontrarse en el palacio de la bestia.
och hon var överlycklig över att befinna sig i vilddjurets palats
Ella se puso uno de sus vestidos más bonitos para complacerlo.
hon tog på sig en av sina snyggaste klänningar för att göra honom nöjd
y ella esperó pacientemente la tarde
och hon väntade tålmodigt på kvällen
llegó la hora deseada
kom den önskade timmen
El reloj dio las nueve, pero ninguna bestia apareció
klockan slog nio, men inget odjur dök upp
Bella entonces temió haber sido la causa de su muerte.
skönhet fruktade då att hon hade varit orsaken till hans död
Ella corrió llorando por todo el palacio.
hon sprang gråtande runt hela palatset
Después de haberlo buscado por todas partes, recordó su sueño.
efter att ha sökt honom överallt kom hon ihåg sin dröm
y ella corrió hacia el canal en el jardín
och hon sprang till kanalen i trädgården
Allí encontró a la pobre bestia tendida.
där fann hon stackars best utsträckt
y estaba segura de que lo había matado
och hon var säker på att hon hade dödat honom
Ella se arrojó sobre él sin ningún temor.
hon kastade sig över honom utan någon rädsla
Su corazón todavía latía
hans hjärta slog fortfarande
Ella fue a buscar un poco de agua al canal.

hon hämtade lite vatten från kanalen
y derramó el agua sobre su cabeza
och hon hällde vattnet över hans huvud
La bestia abrió los ojos y le habló a Bella.
odjuret öppnade sina ögon och talade till skönheten
"Olvidaste tu promesa"
"Du glömde ditt löfte"
"Me rompió el corazón haberte perdido"
"Jag var så hjärtbruten att ha förlorat dig"
"Resolví morirme de hambre"
"Jag bestämde mig för att svälta mig själv"
"pero tengo la felicidad de verte una vez más"
"men jag har lyckan att se dig en gång till"
"Así tengo el placer de morir satisfecho"
"så jag har nöjet att dö nöjd"
"No, querida bestia", dijo Bella, "no debes morir".
"Nej, kära best," sa skönheten, "du får inte dö"
"Vive para ser mi marido"
"Lev för att vara min man"
"Desde este momento te doy mi mano"
"från detta ögonblick ger jag dig min hand"
"Y juro no ser nadie más que tuyo"
"och jag svär att vara någon annan än din"
"¡Ay! Creí que sólo tenía una amistad para ti"
"Ack! Jag trodde att jag bara hade en vänskap för dig"
"Pero el dolor que ahora siento me convence;"
"men den sorg jag nu känner övertygar mig;
"No puedo vivir sin ti"
"Jag kan inte leva utan dig"
Bella apenas había dicho estas palabras cuando vio una luz.
skönhet hade knappt sagt dessa ord när hon såg ett ljus
El palacio brillaba con luz
palatset glittrade av ljus
Los fuegos artificiales iluminaron el cielo
fyrverkerier lyste upp himlen
y el aire se llenó de música

och luften fylld av musik
Todo daba aviso de algún gran acontecimiento
allt gav besked om någon stor händelse
Pero nada podía captar su atención.
men ingenting kunde hålla hennes uppmärksamhet
Ella se volvió hacia su querida bestia.
hon vände sig till sitt kära odjur
La bestia por la que ella temblaba de miedo
odjuret för vilket hon darrade av rädsla
¡Pero su sorpresa fue grande por lo que vio!
men hennes förvåning var stor över vad hon såg!
La bestia había desaparecido
odjuret hade försvunnit
En cambio, vio al príncipe más encantador.
istället såg hon den vackraste prinsen
Ella había puesto fin al hechizo.
hon hade satt stopp för besvärjelsen
Un hechizo bajo el cual se parecía a una bestia.
en besvärjelse under vilken han liknade ett odjur
Este príncipe era digno de toda su atención.
denna prins var värd all hennes uppmärksamhet
Pero no pudo evitar preguntar dónde estaba la bestia.
men hon kunde inte låta bli att fråga var odjuret var
"Lo ves a tus pies", dijo el príncipe.
"Du ser honom vid dina fötter", sa prinsen
"Un hada malvada me había condenado"
"En elak älva hade fördömt mig"
"Debía permanecer en esa forma hasta que una hermosa princesa aceptara casarse conmigo"
"Jag skulle förbli i den formen tills en vacker prinsessa gick med på att gifta sig med mig"
"El hada ocultó mi entendimiento"
"fen gömde mitt förstånd"
"Fuiste el único lo suficientemente generoso como para quedar encantado con la bondad de mi temperamento"
"du var den enda generös nog att charmas av mitt humörs

godhet"
Bella quedó felizmente sorprendida
skönhet blev glatt överraskad
Y le dio la mano al príncipe encantador.
och hon gav den charmiga prinsen sin hand
Entraron juntos al castillo
de gick tillsammans in i slottet
Y Bella se alegró mucho al encontrar a su padre en el castillo.
och skönheten var överlycklig över att hitta sin far i slottet
y toda su familia estaba allí también
och hela hennes familj var där också
Incluso Bella dama que apareció en su sueño estaba allí.
även den vackra damen som dök upp i hennes dröm var där
"Belleza", dijo la dama del sueño.
"skönhet", sa damen från drömmen
"ven y recibe tu recompensa"
"kom och ta emot din belöning"
"Has preferido la virtud al ingenio o la apariencia"
"du har föredragit dygd framför kvickhet eller utseende"
"Y tú mereces a alguien en quien se unan estas cualidades"
"och du förtjänar någon i vilken dessa egenskaper är förenade"
"vas a ser una gran reina"
"du kommer att bli en stor drottning"
"Espero que el trono no disminuya vuestra virtud"
"Jag hoppas att tronen inte kommer att minska din dygd"
Entonces el hada se volvió hacia las dos hermanas.
sedan vände sig älvan till de två systrarna
"He visto dentro de vuestros corazones"
"Jag har sett inuti era hjärtan"
"Y sé toda la malicia que contienen vuestros corazones"
"och jag vet all ondska som dina hjärtan innehåller"
"Ustedes dos se convertirán en estatuas"
"ni två kommer att bli statyer"
"pero mantendréis vuestras mentes"
"men du kommer att hålla dina sinnen"
"estarás a las puertas del palacio de tu hermana"

"du ska stå vid portarna till din systers palats"
"La felicidad de tu hermana será tu castigo"
"din systers lycka ska vara ditt straff"
"No podréis volver a vuestros antiguos estados"
"du kommer inte att kunna återvända till dina tidigare stater"
"A menos que ambos admitan sus errores"
"om inte ni båda erkänner era fel"
"Pero preveo que siempre permaneceréis como estatuas"
"men jag har förutsett att ni alltid kommer att förbli statyer"
"El orgullo, la ira, la gula y la ociosidad a veces se vencen"
"stolthet, ilska, frosseri och sysslolöshet övervinns ibland"
" pero la conversión de las mentes envidiosas y maliciosas son milagros"
" men omvändelsen av avundsjuka och illvilliga sinnen är mirakel"
Inmediatamente el hada dio un golpe con su varita.
genast gav älvan ett slag med sin trollstav
Y en un momento todos los que estaban en el salón fueron transportados.
och på ett ögonblick transporterades alla som fanns i hallen
Habían entrado en los dominios del príncipe.
de hade gått in i furstens herravälde
Los súbditos del príncipe lo recibieron con alegría.
prinsens undersåtar tog emot honom med glädje
El sacerdote casó a Bella y la bestia
prästen gifte sig med skönheten och odjuret
y vivió con ella muchos años
och han bodde hos henne i många år
y su felicidad era completa
och deras lycka var fullständig
porque su felicidad estaba fundada en la virtud
därför att deras lycka grundades på dygd

El fin
Slutet

www.tranzlaty.com

www.ingramcontent.com/pod-product-compliance
Lightning Source LLC
Chambersburg PA
CBHW012221090526
44585CB00023BA/2613